Ingrid Uebe

Martin Luther

Der große Reformator

AF129991

Hase und Igel®

Für Lehrkräfte gibt es zu diesem Buch
ausführliches Begleitmaterial beim Hase und Igel Verlag.

© 2017 Hase und Igel Verlag GmbH, München
www.hase-und-igel.de
Lektorat: Anna Schultes
Illustrationen: Johann Brandstetter
Druck: CPI – Ebner & Spiegel, Ulm

ISBN 978-3-86760-227-3
1. Auflage 2017

Inhalt

Ein paar Worte vorab

In diesem Buch erzähle ich jungen Lesern die Lebensgeschichte Martin Luthers. Es ist eine ereignisreiche, immer neue Wege einschlagende und deshalb niemals langweilige Geschichte. Denn dieser Mann war alles andere als ein Langweiler.

Was er tat, fand überall Beachtung. Was er schrieb, wurde mit Interesse gelesen, was er sagte, mit Begeisterung gehört. Seine leidenschaftlichen Predigten fesselten unzählige Kirchgänger, seine unterhaltsamen Tischreden sämtliche Freunde. Was er sich vorgenommen hatte, setzte er durch. Die Erneuerung der christlichen Kirche, die er am 31. Oktober 1517 von der kleinen Stadt Wittenberg aus in Gang brachte, veränderte zuerst Deutschland, dann Europa und schließlich die ganze Welt.

Martin Luther lebte zu einer Zeit, als die Menschen noch an den leibhaftigen Teufel glaubten und in Gott vor allem einen unbarmherzigen Richter sahen. Sie fürchteten, nach dem Tod ins Fegefeuer oder gar in die Hölle zu kommen. Auch Luther litt seit Kindertagen unter quälender Angst und Verzweiflung. Das änderte sich, als er beim Studium der Bibel eine Stelle fand, die ihn davon überzeugte, dass Gott seine Geschöpfe liebte und nicht für ihre Sünden bestrafte. Weil er ihnen seine Gnade schenkte, mussten sie also keineswegs zur Beichte gehen und Buße tun, wie es der Papst von ihnen verlangte.

Von diesem Augenblick an stellte Luther die Worte der Bibel über die Worte des Papstes. Und das zeigte er auch! In nur elf Wochen übersetzte er das Neue Testament aus dem Lateinischen ins Deutsche. Was bis dahin nur die Priester in der Kirche weitergegeben hatten, konnten nun alle Menschen zu Hause lesen. Sie taten es in hellen Scharen – bereitwillig, dankbar und glücklich.

Die Reformation und die Übersetzung der Bibel machten Luther weltberühmt. Immer wieder haben sich Historiker, Theologen und Schriftsteller mit seinem Leben und seinem Werk beschäftigt. Natürlich habe auch ich das getan, bevor ich dieses Buch schrieb. Dabei habe ich mich bemüht herauszufinden, was für junge Leser am wichtigsten und interessantesten ist. Manchmal musste ich mich zwischen unterschiedlich überlieferten Daten, Begebenheiten und Ansichten entscheiden. In den von mir ausgewählten Zitaten Luthers habe ich die mittelalterliche Ausdrucksweise gelegentlich durch eine leichter verständliche moderne ersetzt.

Martin Luther war zweifellos eine der bedeutendsten Persönlichkeiten seiner Zeit. Seine vielseitigen

Begabungen waren genauso erstaunlich wie sein Mut, seine Durchsetzungskraft und sein Fleiß. Er war Priester, Hochschullehrer, Übersetzer und Schriftsteller. Nicht nur die christliche Religion, sondern auch die hochdeutsche Sprache verdankt ihm unendlich viel.

Dass der bewunderte und gefeierte Mann auch düstere Seiten hatte, konnte und wollte ich nicht außer Acht lassen. Auf sein hasserfülltes, durch nichts zu entschuldigendes Verhalten gegenüber den Juden bin ich ausführlich eingegangen, auch wenn die Äußerungen erschrecken und ihre Schatten auf das letzte Kapitel werfen.

Aufs Ganze gesehen möchte ich festhalten, dass ich die Ereignisse, Entscheidungen, Erfolge und Veränderungen in der Lebensgeschichte Martin Luthers, während ich sie aufschrieb, sehr spannend fand. Ich wünsche mir, dass es denen, die sie nun lesen, genauso ergeht.

Ingrid Uebe, März 2017

1. Kapitel

Kindheit und Schulzeit

Martin Luther über sich selbst:
„Im Jahre 1483 bin ich, Martin Luther, geboren von meinem Vater Johannes Luther und meiner Mutter Margaretha. Mein Vaterland war Mansfeld. Ich bin eines Bauern Sohn. Mein Vater, Großvater und Ahnherr sind rechte Bauern gewesen. Danach ist mein Vater gen Mansfeld gezogen und daselbst ein Berghauer geworden. Die Mutter hat all ihr Holz auf dem Rücken zusammengetragen. Also haben sie uns erzogen."

Martin Luther wurde am 10. November 1483 in Eisleben im östlichen Harz geboren. Bei seiner Taufe am nächsten Tag erhielt er den Namen des heiligen Martin, zu dessen Gedenken die Kinder noch heute am Abend des 11. November mit bunten Laternen singend durch die Straßen ziehen. Jedes von ihnen kennt die Geschichte vom Soldaten, der seinen Mantel in einer kalten Winternacht mit einem frierenden Bettler teilte.

Martin war das erste Kind seiner Eltern Johannes und Margaretha, genannt Hans und Margarete, die bei seiner Geburt noch den Nachnamen „Luder" trugen. Erst viele Jahre später machte der älteste Sohn daraus „Luther".

Der Vater stammte aus einer alten Bauernfamilie und wäre sicher auch Bauer geworden, hätte er nicht als jüngster von vier Söhnen bei einem seiner Brüder als Knecht arbeiten müssen. Weil er das ablehnte, verließ er Eisleben und zog mit seiner jungen Frau und dem wenige Wochen alten Martin in die nahe gelegene Stadt Mansfeld. Dort fand er in einem gräflichen Bergbauunternehmen, das aus hartem Mergelgestein Kupfer zutage förderte, schnell eine Tätigkeit als Hauer.

Über Martins Kindheit wissen wir wenig. Nur was er Freunden und Schülern später als „Doktor Martinus Luther" in seinen lebendigen, von allen geschätzten Tischreden erzählte, gibt ein kleines Bild vom Leben in seinem Elternhaus.

Hans und Margarete Luder erzogen ihre neun oder zehn Kinder sehr streng. Wie damals üblich waren körperliche Strafen bei ihnen nichts Ungewöhnliches. Die Mutter griff häufig zum Stock oder zur Rute. Als sie Martin einmal in der Küche beim Stibitzen einer Walnuss erwischte, schlug sie genauso heftig zu wie der Vater.

Die bestraften Kinder zogen sich zwar jedes Mal für eine Weile weinend und mit schmerzendem Hinterteil in eine Ecke des Hauses zurück, nahmen ihren Eltern die Schläge aber nicht lange übel. Wie der älteste Sohn seinen Zuhörern später erklärte, fühlten sie sich von beiden gut beschützt und von Herzen geliebt.

Es gab allerdings etwas, das Martin und seinen Geschwistern das Leben oft schwer machte. Wie damals die meisten Menschen hatten sie große Angst vor dem Teufel und dessen angeblichen „Bräuten", den Hexen. Die Eltern taten nichts, um ihnen diese Angst zu nehmen. Sie sahen darin so etwas wie eine berechtigte Warnung. Besonders die Mutter schilderte den Teufel immer wieder als ein ständig auf der Lauer liegendes, ganz und gar bösartiges Wesen, vor dem sich die Kinder unbedingt in Acht nehmen sollten. Überliefert ist auch die Geschichte, dass sie ihre Nachbarin für eine Hexe hielt. Mit dieser Frau, die sie seit Jahren kannte, durfte kein Mitglied der Familie auch nur ein einziges Wort reden.

Martin Luther wurde die Angst vor dem Teufel, die wie ein Schatten auf seiner Kindheit lag, bis ans Ende seines Lebens nicht ganz los. In einem seiner berühmtesten Lieder – „Ein feste Burg ist unser Gott" – beschreibt er ihn als machthungriges, tückisches, stets zum Angriff gerüstetes Geschöpf. In der ersten Strophe heißt es:

Der alt böse Feind
mit Ernst er's jetzt meint.
Groß Macht und viel List
sein grausam Rüstung ist.
Auf Erd ist nicht seinsgleichen.

Was harte Arbeit war, wusste Martins ganze Familie. Der Vater ging im Mansfelder Kupferbergwerk einer körperlich außerordentlich anstrengenden Tätigkeit nach. Die Mutter versorgte Tag für Tag den durch die wachsende Kinderschar immer größer werdenden Haushalt und kümmerte sich um den ausgedehnten Garten. Sie erntete dort Obst und Gemüse, legte Vorräte an und sammelte im Wald das Feuerholz für den Winter. Die Kinder halfen ihr drinnen und draußen ganz selbstverständlich und ohne sich zu beklagen. Außerdem fütterten sie die Hühner und molken die Ziegen, sobald ihre kleinen Hände dazu in der Lage waren.

Bis sie in die Schule kamen, trugen Mädchen und Jungen die gleichen Kleidungsstücke: lange Strümpfe, die mit Bändern an einer Art Unterleibchen befestigt waren, und darüber einen wadenlangen glatten Kittel – im Sommer aus Leinen, im Winter aus Wolle. Auf den ersten Blick konnte man sie kaum auseinanderhalten.

Eine allgemeine Schulpflicht gab es damals nicht. Zum Unterricht gingen nur die Kinder, deren Eltern das nötige Geld hatten, um die Lehrer und die Bücher zu bezahlen. Martins Vater war zwar nach einigen Jahren als Bergarbeiter keineswegs reich, verdiente aber doch so viel, dass er dem wissbegierigen, vielseitig begabten Jungen den Schulbesuch ermöglichen konnte. Sein Sohn sollte eines Tages einen angesehenen Beruf ergreifen und es in jeder Hinsicht besser haben als er selbst.

Martin ging also vermutlich zwischen seinem sechsten und siebten Geburtstag, ausgestattet mit Wachstafel und Griffel, zum ersten Mal in die Schule. Dort saß er in einem großen Raum, in dem alle Schüler – von den Neulingen bis zu den vor der Ent-

lassung stehenden – zusammen unterrichtet wurden. Er hockte, im Winter bei Kerzenlicht, vor dem erhöht hinter einem Tisch sitzenden Lehrer mit mehreren Kindern auf einer Bank.

Im Unterricht, der morgens um sechs begann und erst am Nachmittag endete, wurde täglich gemeinsam gebetet und gesungen. Auch auswendig gelernte Texte wiederholte man mit lauter Stimme im Chor. Lesen und Schreiben waren entschieden wichtiger und nahmen deutlich mehr Zeit in Anspruch als Rechnen. Ganz oben auf dem Stundenplan stand von Anfang an Latein, die Sprache der Kirche und der Wissenschaft.

Musik gehörte zu Martins Lieblingsfächern. „Ein Schulmeister muss singen können", sagte er später. Ob seine Lehrer diese Fähigkeit hatten, ist nicht überliefert.

Ein Freund aus Kindertagen schildert Martin als fleißigen, meist zurückhaltenden, allerdings ab und zu vom Jähzorn gepackten Schüler. Dessen Begeisterung für die Grundschuljahre in Mansfeld hielt sich in Grenzen. Er verabscheute die ungeduldigen und ungerechten Lehrer, die oft ohne jeden Grund zum Stock oder zur Rute griffen.

Als der Vater seinen Ältesten kurz vor dessen vierzehntem Geburtstag in der Bischofsstadt Magdeburg auf das Internat einer von der Ordensgemeinschaft „Brüder vom gemeinsamen Leben" geführten Klosterschule schickte, atmete der Junge auf. Der Unterricht dort war streng, aber gerecht, und kam ohne körperliche Strafen aus.

Nach dem Verlassen seines Elternhauses fühlte sich Martin erwachsen. Er durfte sich jetzt anziehen wie ein Mann und trug zu Hemd, Wams und Pluderhose an der Seite einen echten Degen. Wie die meisten seiner Altersgenossen war er sehr stolz auf die Waffe. Er ahnte nicht, dass er sich aus Unachtsamkeit eines Tages lebensgefährlich damit verletzen würde.

Warum er die Klosterbrüder schon nach einem Jahr wieder verließ, wissen wir nicht. Sein Vater, der es in Mansfeld inzwischen zu einigem Ansehen gebracht hatte und sogar als Ratsherr im Stadtrat saß, verschaffte ihm jedenfalls einen Platz an einer namhaften weiterführenden Schule in Eisenach. Dort fühlte sich Martin vom ersten Tag an noch wohler als in Magdeburg.

Er mochte die freundlichen Lehrer, die ihre Schüler gründlich und geduldig auf ein Studium vorbereiteten. Er schätzte den Rektor, der vor den Jungen das Barett zog, weil „Gott aus ihnen vielleicht eines Tages einen Bürgermeister, Kanzler, Doktor oder Regenten machen würde".

Wahrscheinlich genoss er es auch, nicht mehr Tag und Nacht in einem strengen Internat zu leben, sondern bei Verwandten seiner Mutter in einer ganz normalen Familie zu wohnen. Dass dort viel musiziert wurde und er sich mit seiner Laute an den Hauskonzerten beteiligen durfte, gefiel ihm natürlich besonders.

Als seine Schulzeit in Eisenach zu Ende ging, beherrschte der siebzehnjährige Martin die lateinische Sprache und verstand alles, was der Priester aus der Bibel vorlas. Erstaunlicherweise hatte er selbst das Buch noch nie in der Hand gehalten. Er ahnte nicht, dass es in seinem Leben einmal eine ungeheuer wichtige Rolle spielen und er es auf Deutsch allen Menschen zugänglich machen würde.

2. Kapitel
Studium und Eintritt ins Kloster

Martin Luther über sich selbst:
„Denn da ich zu Erfurt in der Hochschule angefangen hatte, in guten Künsten und der Philosophie zu studieren, und darin so viel begriffen und gelernt hatte, dass ich Magister geworden war, hätte ich daselbst die Jugend wiederum lehren und unterrichten können oder aber hätte fortfahren mögen, weiter zu studieren. Doch ich verließ meine Eltern und Verwandten und begab mich wider ihrer aller Willen in das Kloster und zog eine Kutte an. Denn ich glaubte, ich würde im Mönchsstande und mit solcher harten, sauern Arbeit Gott einen großen Dienst tun.“

Begleitet vom Lob und von den guten Wünschen seiner Lehrer verließ Martin Luther im Januar 1501 mit einem glänzenden Abschlusszeugnis die Schule in Eisenach. Vier Monate später begann er an der Universität Erfurt das „Studium der freien Künste", zu dessen sieben Fächern auch die Musik gehörte. Sein Vater, der inzwischen selbst ein kleines Bergbauunternehmen besaß, übernahm auch diesmal die Kosten und sorgte für eine verhältnismäßig großzügige Unterkunft in einem Studentenwohnheim.

Von Anfang an war Luther ein sehr eifriger Student. Einerseits glaubte er, seinem Vater diesen Fleiß schuldig zu sein, andererseits machte ihm Lernen einfach Spaß. Er zog sich jedoch keineswegs völlig in seine Bücher zurück, sondern unternahm viel mit seinen zahlreichen Freunden. Mit ihnen streifte er durch die Straßen der Stadt, besuchte an ihrer Seite ein gutes Konzert oder genoss ein leckeres Essen. Alle nannten ihn bewundernd den „Philosophen" oder den „Musiker". Sie freuten sich über seine unterhaltsamen Tischreden und suchten seine Nähe, weil es mit ihm niemals und nirgendwo langweilig war.

Zweifellos nahm Luther sein Studium ernster und hatte bessere Zeugnisse als die meisten seiner Altersgenossen. Trotzdem besaß er durchaus Verständnis für die, denen das Lernen weniger wichtig war als ihm. Er dachte nicht im Traum daran, einen Faulpelz zu ermahnen. Als der Freund, mit dem er zwei Jahre lang im selben Zimmer wohnte, einmal ein Buch auf den Boden warf und wütend mit den Füßen darauf herumtrat, fand er den Ausbruch höchstens ein bisschen komisch.

Knapp vier Jahre, nachdem er mit dem „Studium der freien Künste" begonnen hatte, bestand Luther das Examen als zweitbester von siebzehn Prüflingen. Er trug jetzt den Titel „Magister Artium" – auf Deutsch

„Lehrer" oder „Meister der Künste". Voller Stolz ließ sich der Einundzwanzigjährige bei der Abschlussfeier am 7. Januar 1505 als Zeichen seiner neuen Würde ein rotbraunes Barett auf den Kopf setzen. Bald darauf schrieb er an einen Freund: „Wie war es eine so große Majestät und Herrlichkeit, wenn man den neuen Magistern brennende Fackeln vorhertrug und sie auf diese Weise verehrte. Ich glaube, dass keine zeitliche, weltliche Freude dergleichen gewesen ist."

Der Vater redete seinen Sohn von nun an nicht mehr mit „du", sondern mit „Ihr" an. Aber er erwartete von ihm nach wie vor den seit Kindertagen gewohnten Gehorsam. Der junge Magister sollte zurück an die Universität und diesmal Jura, also Rechtswissenschaft, studieren. Nach bestandener Prüfung würde er gute Aussichten haben, ein bei Fürsten und reichen Bürgern gefragter Anwalt zu werden und eine Menge Geld zu verdienen.

Auch diesmal tat der Sohn das, was der Vater von ihm verlangte. Obwohl er gern über eigene Pläne nachgedacht hätte, begann er im Mai mit dem Jurastudium. Freunde berichteten, er habe sich niemals beklagt, sei allerdings nicht mehr so fröhlich und guter Dinge gewesen wie früher.

Immer noch machte er häufig einen Besuch im Mansfelder Elternhaus. Auch dort sprach er nicht über das, was ihn belastete. Er hörte zu, wenn der Vater ihn lobte und ihm eine sorglose Zukunft ausmalte. Er widersprach nicht, wenn von einer möglichen „ehrenvollen Heirat" die Rede war und gelegentlich sogar der Name einer angeblich zu ihm passenden Braut fiel.

Die Wende in seinem Leben kam so plötzlich wie der Blitzschlag, der sie herbeiführte. Ende Juni hatte Martin Luther wieder ein paar Tage bei seinen Eltern verbracht. Am 2. Juli trat er, wie üblich zu Fuß, den Rückweg nach Erfurt an. Vom wolkenlos blauen Himmel glühte die Sonne. In Gedanken versunken durchquerte er ein einsames Gelände in der Nähe des Dorfes Stotternheim. Dass ein Gewitter heraufzog, bemerkte er nicht. Er erschrak bis ins Herz, als in nächster Nähe ein heftiger Blitz in einen Baum schlug. Von Todesangst erfüllt fiel er auf die Knie und rief: „Hilf du, heilige Anna! Ich will ein Mönch werden!"

Es war damals nichts Ungewöhnliches, dass in Not geratene, verzweifelte Menschen einen Heiligen oder eine Heilige um Hilfe baten. Luther kannte und verehrte die heilige Anna schon lange als Schutzpatronin der Bergleute, zu denen ja auch sein Vater gehörte. Außerdem war sie der Legende nach die Mutter der Jungfrau Maria und damit die Großmutter von

Jesus. Ihr Name und das Versprechen, ein Mönch zu werden, kamen ihm deshalb ganz selbstverständlich über die Lippen. Und dass er sein Versprechen halten würde, stand für ihn fest.

Er brauchte genau zwei Wochen, um sich von der Universität, dem Jurastudium und allem, was damit zusammenhing, zu verabschieden. Leichten Herzens gab er seinen Platz im Studentenwohnheim auf und verkaufte oder verschenkte sämtliche Sachen, die er besaß.

Erst danach teilte er seinen Eltern schriftlich mit, was er vorhatte. Der Vater war außer sich vor Zorn und konnte weder verstehen noch verzeihen, dass der bis dahin stets gehorsame Sohn sein Leben von heute auf morgen selbst in die Hand nehmen wollte, ohne um Erlaubnis zu fragen.

Am 16. Juli feierte Luther mit seinen Freunden ein fröhliches Fest. Noch einmal ließ er ihnen ein üppiges Abendessen servieren. Noch einmal hielt er eine seiner witzigen Tischreden. Noch einmal spielte er auf der Laute, die er so liebte. Erst dann teilte er der ahnungslosen Gesellschaft mit, dass diese ausgelassene Feier ein Abschiedsfest war.

Die meisten Gäste waren fassungslos über seinen Entschluss, Mönch zu werden. Viele versuchten, ihn umzustimmen. Einige konnten ihre Tränen nicht zurückhalten. Und keiner mochte sich in dieser Nacht von ihm trennen.

Schließlich brachten ihn alle in den frühen Morgenstunden des 17. Juli zum Schwarzen Kloster des Augustinerordens, das so hieß, weil die darin lebenden Mönche schwarze Kutten trugen. Luther hatte sich die Begleitung seiner Freunde dorthin gewünscht. Ein letztes Mal gab er jedem von ihnen die Hand. Dann ging er aufrecht und ohne sich umzublicken durch das schwarze Tor, hinter dem er ein neues, ganz anderes Leben beginnen würde.

3. Kapitel
Das Leben im Kloster

Martin Luther über sich selbst:
„Ich hätte mich, wenn die Zeit im Kloster länger gedauert hätte, zu Tode gemartert mit Wachen, Beten, Lesen und anderer Arbeit. Denn wo nur eine kleine Anfechtung kam von Tod oder Sünde, so fiel ich um und fand weder Taufe noch Möncherei, die mir helfen konnten. Da war ich der elendste Mensch auf Erden. Tag und Nacht war da nur Heulen und Verzweifeln."

Die Augustinermönche nannten Martin Luder, wie er damals noch hieß, von Anfang an „Bruder Martinus". Sie nahmen ihn aber zuerst nur als Novizen, also als Mönch auf Probe, bei sich auf. Die Brüder lebten nach außerordentlich strengen Regeln und wollten sicher sein, dass sich der Neuling diesen anpassen und auf Dauer mit ihnen zurechtkommen würde.

Die Mönche des Schwarzen Klosters wohnten in winzigen Einzelzellen und durften dort mit niemandem reden, nicht einmal mit sich selbst. Sie schliefen unter einer dünnen Decke auf einem Strohsack, nahmen zweimal täglich gemeinsam eine knappe Mahlzeit zu sich und durften dabei weder sprechen noch lachen. An rund hundert Tagen im Jahr mussten sie fasten. Körperhaltung und Bewegungen waren vorgeschrieben. Die Hände blieben, soweit es ging, in den Ärmeln der schwarzen Kutte verborgen, die Augen blickten zu Boden. Siebenmal am Tag trafen sich alle zum Gebet in der Klosterkirche.

Bruder Martinus brachte die Probezeit, die genau ein Jahr und einen Tag dauerte, ohne Murren hinter sich. Zum Staunen der älteren Mönche tat er sogar mehr, als die Regeln von ihm verlangten. Er schlief nicht selten auf dem nackten Steinfußboden, legte zusätzliche Fastentage ein und kniete täglich im Beichtstuhl. Er widersprach nicht, wenn er zum Betteln auf die Straße geschickt wurde. Die niedrigsten Hausarbeiten erledigte er, ohne sich zu beschweren.

Seine Gesundheit litt unter den ständigen Anstrengungen. Er magerte ab, brach hin und wieder vor Erschöpfung ohnmächtig zusammen und wurde von seinen besorgten Mitbrüdern einmal völlig entkräftet ins Krankenhaus gebracht. Sein früheres Leben war vorbei und vergessen.

Der Vater, der seinem Sohn den Abbruch des Studiums sehr übel genommen hatte, sagte sich in einem zornigen Brief mitsamt der ganzen Familie von ihm los. Bruder Martinus war darüber sehr traurig, ging aber den Weg, den er eingeschlagen hatte, unbeirrt weiter. Er wollte um jeden Preis und mit allen Mitteln ein guter Mönch werden.

Im April 1507 wurde er zum Priester geweiht. Das war eine Auszeichnung, die er vielen seiner älteren Mitbrüder voraushatte. Im Mai las er in der Augustinerkirche des Schwarzen Klosters seine erste Messe.

Bruder Martinus war ohne Zweifel ein guter Mönch geworden. Doch ein glücklicher Mensch war er nicht. Schon als Kind hatte er Gott nur als strengen Richter

und sich selbst nur als Sünder gesehen. Daran hatte er sich nichts geändert. Seine Tage im Kloster verbrachte er in dem ständigen Bemühen, Gott zu gefallen. Allerdings hatte er nie das Gefühl, dass ihm das auch gelang. Er lebte in schrecklicher Angst vor einem unbarmherzigen Richterspruch und der anschließenden, ebenso unbarmherzigen Strafe. Er fürchtete sich vor seinem Tod, dem unausweichlichen Fegefeuer und dem möglichen Aufenthalt in der Hölle.

Seine erste Messe war für ihn kein Grund zur Freude, sondern ein Anlass zu „Furcht und Zittern". Als er am Altar stand, fühlte er sich so elend und schwach wie noch nie. Aus dem Saal, wo nach dem Gottesdienst zu seinen Ehren bei Musik, Fackelbeleuchtung und gutem Essen ein großes Fest stattfand, wäre er am liebsten geflohen.

Ihn hielt nur die Hoffnung, an diesem Abend das Verständnis und die Verzeihung seiner Eltern zu finden. Doch er erlebte eine bittere Enttäuschung. Zwar waren die beiden seiner Einladung gefolgt und zu Pferd von Mansfeld nach Erfurt gekommen, aber der Vater machte ihm bei Tisch vor allen Gästen heftige Vorwürfe. Er konnte dem ungehorsamen Sohn nicht verzeihen, dass dieser sein vielversprechendes, teures Studium aufgegeben hatte und ein bettelarmer Mönch geworden war.

In den folgenden Wochen und Monaten kämpfte Bruder Martinus Tag für Tag mit Angst und Verzweiflung. Trotzdem kam er all seinen Pflichten gewissenhaft nach. Er las die Messe in verschiedenen Kirchen der Stadt. Er arbeitete als Seelsorger in den benachbarten Dörfern. Er kam, wann und wohin man ihn rief. In seiner knappen Freizeit lernte er die griechische Sprache. Obwohl er mittlerweile selbst eine Bibel besaß und oft darin las, fand er darin nicht den Trost, den er suchte.

Seine Mitbrüder liebten und bewunderten ihn. Seine Vorgesetzten schätzten seinen Fleiß und seine Frömmigkeit, seine Zuverlässigkeit und seine vielen Talente. Der Prior des Schwarzen Klosters lobte ihn bei jeder Gelegenheit und sagte ihm eine große Zukunft voraus.

Im Herbst 1508 versetzte der Leiter des Augustinerordens den jungen Mönch nach Wittenberg. Er sollte dort Theologie studieren, durfte aber als „Magister der freien Künste" auch schon selbst unterrichten. Bruder Martinus nahm die mit zahlreichen neuen Aufgaben verknüpfte Beförderung an. Er ahnte nicht, dass sich in Wittenberg sein Verhältnis zu Gott wie zur Kirche und damit sein ganzes Leben völlig ändern würde.

4. Kapitel
Das Turmerlebnis

Martin Luther über sich selbst:
„So tobte ich in meinem wilden und verwirrten Ge-
wissen, bis sich Gott erbarmte. Da erschien mir von nun
an die Bibel in einem ganz anderen Licht. Ich begriff,
dass das Werk Gottes das ist, das Gott in uns tut. Ich
begriff die Kraft Gottes, durch die er uns mächtig macht,
und die Weisheit Gottes, durch die er uns weise macht.
Ich begriff die Stärke Gottes, das Heil Gottes, die Ehre
Gottes. Und sosehr ich die Vokabel ‚Gerechtigkeit Got-
tes‘ gehasst hatte, so viel mehr hob ich nun dieses süße
Wort in meiner Liebe empor, sodass es mir zur Pforte des
Paradieses wurde.“

Bruder Martinus war jetzt also Student und Lehrer
zugleich. Mönch war er natürlich geblieben. Für Universität und Kloster musste er viele Aufgaben erfüllen.
Er las alte und neue Bücher, er schrieb Briefe und hielt
Vorträge, er betete allein und mit anderen, er ging
zur Beichte und tat jedes Mal die ihm auferlegte Buße.
Er lernte inzwischen nicht nur Griechisch, sondern
auch noch Hebräisch, also die Ursprache der Bibel.

Manchmal fiel es ihm schwer, alles, was er sich vorgenommen hatte, pünktlich zu erledigen. An solchen

Tagen verzichtete er auf Essen und Schlaf. Genau wie in seiner Klosterzeit befand er sich oft am Rande seiner Kräfte. Vielleicht drängten die vielen Pflichten gelegentlich die Ängste und Zweifel, die ihn quälten, in den Hintergrund, aber er vergaß sie nie ganz und hörte in seiner Freizeit nicht auf, über sie nachzudenken.

Im Spätsommer 1511, als Luther gerade an seiner Doktorarbeit schrieb, erhielt er von seinem Kloster den Auftrag, mit einem Ordensbruder nach Rom zu reisen. Die beiden sollten versuchen, dort einen kirchlichen Beschluss rückgängig zu machen, mit dem die Augustiner nicht einverstanden waren.

Vielleicht hätte die Reise Bruder Martinus für eine Weile abgelenkt und von seinen quälenden Gedanken befreit, wäre sie nicht so anstrengend gewesen. Die zwei Mönche mussten zu Fuß und ohne Geld einen ungefähr eintausendvierhundert Kilometer langen Weg zurücklegen. Sie übernachteten in Klöstern. Wenn sie hungrig waren, baten sie an der nächsten Haustür um eine kostenlose Mahlzeit. Man weiß nicht genau, wann sie ihr Ziel erreichten, doch waren sie ganz sicher wochenlang unterwegs.

Bruder Martinus sah damals die Ewige Stadt, die für Katholiken bedeutender war als alle anderen Städte der Welt. Gleich nach seiner Ankunft in Rom legte er eine Generalbeichte ab. Danach las er unzäh-

lige Messen. Er besuchte die Gräber und bestaunte die Reliquien der Märtyrer. Er erklomm die achtundzwanzig Stufen der „Pilatustreppe" auf den Knien, weil er glaubte, mit jeder Stufe die Seele eines verstorbenen Verwandten oder Freundes aus dem Fegefeuer zu retten.

Dem Papst begegnete er kein einziges Mal. Er wunderte sich nur über dessen Mitarbeiter, die ihre Tätigkeit anscheinend sehr locker sahen und ein äußerst großzügiges Leben führten. Sie nahmen ihn und seinen Begleiter nicht ernst und lehnten es ab, den gefassten Beschluss zu ändern. Die beiden Mönche mussten sich also enttäuscht und unverrichteter

Dinge auf die Heimreise machen. Wieder waren sie wochenlang unterwegs.

Zurück in Wittenberg setzte Bruder Martinus sein Studium fort. Im Oktober 1512 erhielt er den Doktortitel, bald darauf wurde er Professor. Seine Vorlesungen waren inzwischen so berühmt, dass immer neue Studenten den Hörsaal füllten. Kollegen kamen von weit her, um ihn kennenzulernen und mit ihm zu reden.

Für seinen Orden übernahm er ständig weitere Aufgaben. Weil er manche nur in völliger Ruhe erledigen konnte, durfte er oben im Turm seines Klosters ein beheizbares Arbeitszimmer beziehen. Was sich dort wahrscheinlich zwischen 1513 und 1515 ereignete, nennt man Martin Luthers „Turmerlebnis". Manche Wissenschaftler halten es für eine Legende. Aber er selbst hat berichtet, dass sich eines Tages im Turmzimmer sein Leben schlagartig änderte.

Wie schon so oft las er in der Bibel. Wie schon so oft bemühte er sich um ein neues Verständnis einzelner Sätze. Diesmal versenkte er sich in den Brief des Apostels Paulus an die Römer. Vielleicht hatte er vor, später mit seinen Studenten über den Text zu reden. Oder er wollte für sich allein noch einmal darüber nachdenken. Jedenfalls durchzuckte es ihn an einer Stelle des „Römerbriefs" mit einem Mal wie ein Blitz.

Ihm wurde schlagartig klar, dass der gerechte Gott von den Menschen nicht Buße und gute Werke erwartet, sondern dass er ihnen seine Gnade schenkt, weil er sie liebt.

5. Kapitel
Die fünfundneunzig Thesen

Martin Luther über sich selbst:
„Danach musste ich sozusagen Klötze und Stämme roden, Dornen und Hecken weghauen und auch die Pfützen ausfüllen. Ich war also der große Holzfäller, der eine Bahn brechen und sie zurichten musste. Dennoch kam ich ganz wider meinen Willen an die Öffentlichkeit – ein ungebildeter Mensch, noch dazu in einem Zeitalter, wo Kunst und Wissenschaft blühten. Die Not zwang mich, dass ich schnattern musste wie eine Gans unter Schwänen."

Der von allen geschätzte Doktor und Professor der Wittenberger Universität, der mit seinem Nachnamen seit 1517 nicht mehr „Luder", sondern „Luther" hieß, war inzwischen auch Prediger und Beichtvater der Schlosskirche. Immer mehr Leute kamen, um seine Worte zu hören, aber immer weniger knieten in seinem Beichtstuhl. Das lag daran, dass sich die Menschen nun mit Geld von ihren Sünden loskaufen konnten.

In der benachbarten Mark Brandenburg bot der Dominikanermönch Johann Tetzel seit einiger Zeit im Namen und Auftrag des Papstes sogenannte Ablass-

briefe an. Sie bescheinigten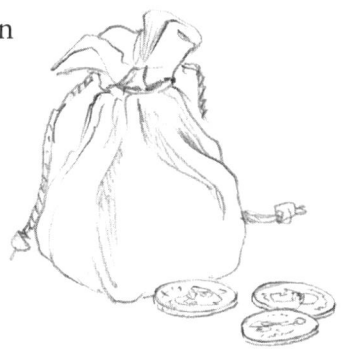
dem, der sie kaufte, dass
ihm oder einem Verstor-
benen die Buße für be-
stimmte Sünden erlassen
war. Gegen Zahlung
konnte man so den ge-
fürchteten Aufenthalt im
Fegefeuer verkürzen.

Der Werbespruch, den Johann Tetzel bei jedem seiner Auftritte lautstark hören ließ, lautete: „Wenn das
Geld im Kasten klingt, die Seele aus dem Feuer
springt." Der Vers kam bei den meisten Leuten gut
an und brachte eine Menge ein.

Was der Mönch kassierte, schafften zuverlässige
Reiter eilig nach Rom. Der Papst brauchte dort viel
Geld, weil er Hunderte von Mitarbeitern und ein
ganzes Heer von Soldaten bezahlen musste. Auch er
selbst lebte keineswegs sparsam, sondern schätzte
glanzvolle Feste, große Ausstellungen und aufwen-
dige Veranstaltungen, über die man überall redete.
Außerdem beschäftigte ihn seit einiger Zeit der Ge-
danke an den Bau eines prächtigen Doms mitten in
Rom.

Johann Tetzel machte von Jahr zu Jahr bessere Ge-
schäfte. Mit wachsender Unruhe und zunehmendem

Zorn stellte Martin Luther fest, dass ihm viele seiner Beichtkinder zur Erklärung und Entschuldigung für ihr Fernbleiben einen Ablassbrief vorlegten. Als Priester wünschte er sich, diesem Handel mit der Gnade Gottes bald ein Ende zu machen. Als Hochschullehrer wollte er für das, was ihn bewegte, so schnell wie möglich einen großen Zuhörerkreis finden.

Am 31. Oktober 1517, also einen Tag vor dem Allerheiligenfest, setzte sich Luther oben im Turm an seinen Arbeitstisch und schrieb alle seine Gedanken über die Ablassbriefe und die Zustimmung der Kirche auf Latein in fünfundneunzig Thesen untereinander.

Gegen Abend hatte er seine Aufstellung vollendet. Es war schon dunkel, als er sich auf den Weg zur Wittenberger Schlosskirche machte – in der einen Hand das eng beschriebene Papier, in der anderen einen Hammer, in der Tasche seiner Kutte ein paar spitze Nägel. Mit starken Schlägen befestigte er sein Arbeitsblatt an der Kirchentür. Er hoffte, dass viele Menschen davor stehen bleiben, seine Meinung lesen und andere darauf aufmerksam machen würden. So erzählt es jedenfalls die Legende.

In Wirklichkeit war es wohl so, dass Luther das, was er in seinem Turmzimmer verfasst hatte, zunächst seinen Kollegen an der Universität und in der Kirche zu lesen gab. Aber schon bald übersetzte er den latei-

nischen Text ins Deutsche, ließ ihn drucken und verteilte ihn da, wo er es für angebracht hielt. Das Echo war gewaltig, die Aufregung auch. Überall prallten sehr gegensätzliche Meinungen aufeinander. Zustimmung traf auf Ablehnung, Begeisterung auf Empörung, Beifall auf Wutgebrüll.

Die fünfundneunzig Thesen verbreiteten sich in Windeseile und fanden in Stadt und Land reißenden Absatz. Wer von Wittenberg aus zu Pferd oder in einer Kutsche unterwegs war, hatte stets einen Stapel druckfrischer Exemplare dabei.

Eine gewaltige Bewegung hatte sich in Gang gesetzt. Wie eine unaufhaltsame Welle sollte sie zuerst Deutschland und dann ganz Europa erfassen. Der 31. Oktober 1517 war der Tag, an dem die Reformation, also die Erneuerung und damit die Spaltung der christlichen Kirche, begann.

Luther nahm die Wirkung seiner Thesen mit gemischten Gefühlen zur Kenntnis. Er hatte zwar auf Nachdenken und eine lebhafte Diskussion über die Ablassbriefe gehofft, aber keineswegs Unfrieden stiften oder die Kirche angreifen wollen. Das betonte er von nun an in allen Predigten, Vorträgen, Reden und immer neuen Schriften.

Den Papst bat er in einem respektvollen persönlichen Brief um Verständnis und Überprüfung der

Sache. Er versicherte dem „allerheiligsten Vater Leo dem Zehnten", dass seine Worte nur als „Streitsätze" und keineswegs als „Lehre" gemeint waren. Der Brief schloss mit den Worten: „Ich werde Eure Stimme als die Stimme Christi anerkennen."

Der Papst antwortete nicht. Luther erhielt nur ein in päpstlichem Auftrag verfasstes Gutachten des italienischen Dominikanermönchs Prierias, das auf die Unfehlbarkeit des Heiligen Vaters hinwies und Martin Luther als gefährlichen Ketzer darstellte. Der Wittenberger Quertreiber sollte so bald wie möglich zu einem Verhör nach Rom kommen.

Dem römischen Generalstaatsanwalt dauerte das zu lange. Er fand, man müsse dem Doktor Martinus sofort, das heißt ohne Prozess, „mit Schwert, Feuer und Flamme an den Leib gehen". Luther war verletzt und zornig. Und er reagierte sofort! Zum ersten Mal nannte er den Papst einen „Antichristen", also einen Gegner von Jesus Christus. Den römischen Hof bezeichnete er als „Satansschule". Zwischen ihm und der Kirche hatte sich eine unüberbrückbare Kluft aufgetan.

6. Kapitel
Der Reichstag zu Worms

Martin Luther über sich selbst:
„Das weiß ich, dass ich der Allerangenehmste und Liebste wäre, wenn ich spräche: Ich widerrufe. Aber ich will nicht zum Ketzer werden im Widerspruch zu der Meinung, durch welche ich zu einem Christen geworden bin. Eher will ich sterben, verbrannt, vertrieben und verflucht werden. Es soll recht bleiben, was ich lehre und schreibe, selbst wenn die ganze Welt darüber bersten würde.“

Martin Luther setzte den eingeschlagenen Weg unbeirrt fort. Er zweifelte nicht, dass es der einzig richtige war. Seit seinem Turmerlebnis bedeutete ihm die Bibel mehr als die Worte des Papstes. Die Ablassbriefe, die Johann Tetzel in dessen Auftrag verkaufte, lehnte er ab, weil sie in der Bibel nicht vorkamen.

Am römischen Hof verfolgte man das, was der Wittenberger Mönch sagte und schrieb, mit zunehmender Sorge. Im August 1518 schickte der Papst einen seiner wichtigsten Kardinäle zu einem ausführlichen Verhör des „Doktor Martinus" nach Deutschland. Der Unruhestifter sollte seine fünfundneunzig Thesen und alles, was er danach veröffentlicht hatte, als falsch bezeichnen und sich davon lossagen.

Luther lehnte diese Forderung ab. Er wollte und konnte nicht widerrufen, was ihn zu einem „freien Christenmenschen" gemacht hatte. Er setzte im Gegenteil alles daran, auch anderen zu dieser Freiheit zu verhelfen. Was er predigte, wurde gehört. Was er schrieb, wurde gelesen. Seine Hefte und Bücher erschienen längst nicht mehr nur in Deutschland. Die Übersetzungen fanden gleich nach ihrer Veröffentlichung auch in Dänemark, Frankreich, Italien und Spanien reißenden Absatz.

Im Sommer 1520 kamen der Papst und seine Berater zu dem Schluss, dass Luthers gefährlichem Treiben so schnell wie möglich ein Ende gemacht werden musste. Deshalb drohten sie ihm mit der Bannbulle. Diese Urkunde würde ihn aus der kirchlichen Gemeinschaft ausschließen und für vogelfrei erklären. Das bedeutete, kein Christ durfte ihn schützen oder beherbergen, jeder konnte ihn ungestraft töten.

Die vom Papst unterzeichnete Drohung wurde an der Peterskirche in Rom ausgehängt und in versiegelten Kopien nach Deutschland geschickt. Dem Text vorangestellt war eine direkte Anrufung Gottes: „Erhebe Dich, Herr! Ein wildes Schwein aus dem Walde will Deinen Weinberg verwüsten."

Der Beschuldigte hatte sechzig Tage Zeit, um seine anschließend aufgezählten „Irrtümer und falschen

Behauptungen" zu widerrufen. Tat er das nicht, würde der Bann in Kraft treten.

Luther dachte nicht daran nachzugeben. Am 10. Dezember, einen Tag nach Ablauf der ihm gesetzten Frist, verbrannte er die Bannbulle und eine Menge kirchlicher Bücher mithilfe seiner Studenten vor dem Wittenberger Elstertor. Am 3. Januar 1521 wurde er in

Rom zum Ketzer erklärt und gebannt. Der Bruch mit dem päpstlichen Hof war nun endgültig.

In der alten Kaiserstadt Worms am Rhein fand zu diesem Zeitpunkt ein großer Reichstag statt. Fürsten, Adelige, Bischöfe und Vertreter der freien deutschen Städte hatten sich dort versammelt, um über die anstehenden Probleme zu beraten. Eins davon war der Fall Martin Luther.

Der erst zwanzigjährige Kaiser Karl V., der den Reichstag leitete, war ein treuer Anhänger des Papstes und hätte die Sache am liebsten so schnell wie möglich aus der Welt geschafft. Es lag durchaus in seiner Macht, Luther in Wittenberg festnehmen zu lassen und in Handschellen an den römischen Hof auszuliefern. Als die in Worms anwesenden Bischöfe genau das von ihm verlangten, stimmte er sofort zu.

Der Kurfürst von Sachsen, der Luthers Landesherr und auf seinen berühmten Professor sehr stolz war, erhob Einspruch. Die meisten der anwesenden Fürsten unterstützten ihn. Alle waren dagegen, dass die Verurteilung in Abwesenheit des Angeklagten erfolgen sollte.

Nach zähen Verhandlungen gab der Kaiser schließlich nach. Er forderte Luther auf, dem Reichstag Rede und Antwort zu stehen, und sicherte ihm für den Hin- und Rückweg freies Geleit zu.

Unter dem Schutz des Reichsherolds machte sich Luther Anfang April in einer Pferdekutsche mit drei Wittenberger Freunden auf den fast sechshundert Kilometer langen Weg quer durch Deutschland. Auf beiden Seiten stand winkend und jubelnd das Volk, klatschte Beifall und wünschte ihm Glück. Die einen baten ihn um eine Predigt, die anderen versuchten, ihn zu umarmen oder wenigstens eins seiner Kleidungsstücke zu berühren. Wenn er eine Pause einlegte, brachte man ihm etwas zu essen und zu trinken. Wurde es dunkel, bot man ihm ein Nachtquartier an.

Die Reise dauerte fast zwei Wochen. Am 16. April hielt er endlich Einzug in Worms. Die Nachricht von seiner Ankunft versetzte die ganze Stadt, die wegen des Reichstags gut besucht war, in freudige Aufregung. Es herrschte ein Trubel wie auf dem Jahrmarkt. In den Straßen wurde gesungen und musiziert. Auf dem Marktplatz zeigten Seiltänzer ihre Künste. Clowns und Zauberer sorgten für Unterhaltung. Fahrende Händler boten ihre Waren an. Imbissbuden hielten heiße und kalte Leckerbissen bereit.

Mehr als zweitausend Menschen jubelten Luther zu. Wer ihn nicht richtig sehen konnte, kletterte auf einen Stuhl oder auf eine Bank. Die städtischen Ordnungshüter hatten ihre liebe Not mit der entfesselten Menge.

Am 17. April trat Luther nachmittags um vier Uhr vor den Reichstag. Anhänger und Gegner füllten den Raum, in dem die Verhandlung stattfand, bis auf den letzten Platz. Der prächtig gekleidete Kaiser saß etwas erhöht auf einer Art Thron. Auf dem Tisch vor ihm lag ein Stapel mit den Büchern, um die es ging. Während er selbst schwieg, stellte sein Sprecher die vorher festgelegten Fragen.

Luther bekannte sich sofort zu allem, was er geschrieben hatte. Doch er lehnte es ab, den Inhalt als falsch zu bezeichnen. Er hatte damit gerechnet, nun beschuldigt zu werden und sich verteidigen zu müssen. Aber da irrte er sich. Der Sprecher forderte ihn nur auf, seine Bücher und Schriften zu widerrufen. Dazu Stellung nehmen durfte er nicht.

Der leidenschaftliche Redner Martin Luther, dem die Worte sonst schnell über die Lippen gingen, blickte zur Überraschung aller, die ihn kannten, einen Moment stumm vor sich hin. Dann bat er sogar um Bedenkzeit. Der Kaiser gewährte sie ihm, allerdings nur bis zum nächsten Tag.

Die zweite Verhandlung war noch besser besucht als die erste. Der große Saal reichte kaum aus für die Menge der hereindrängenden Zuhörer. Diesmal zeigte sich Luther zum Widerrufen bereit. Er verlangte allerdings den Beweis, dass seine Veröffentlichungen etwas enthielten, das nicht in der Bibel stand.

Darauf ging der Kaiser nicht ein. Er wollte kein Streitgespräch, sondern Gehorsam. Er bestand darauf, dass der Mann, den der Papst zum Ketzer erklärt hatte, bedingungslos nachgab. Aber Luther blieb standhaft. Ruhig sprach er sein Schlusswort: „Widerrufen kann und will ich nicht, weil es weder sicher noch geraten ist, etwas gegen sein Gewissen zu tun." Wahrscheinlich handelt es sich um eine Legende, dass seine Rede mit den berühmt gewordenen Worten endete: „Hier stehe ich, ich kann nichts anders. Gott helfe mir, amen."

Der Kaiser erhob sich und verließ mit schnellen Schritten zornig den Saal. Dort brach große Unruhe aus. Alles schrie und redete durcheinander. Luthers Anhänger zeigten ihre Begeisterung, seine Gegner ihre Empörung. Die einen ließen ihn hochleben, die anderen riefen: „Ins Feuer mit ihm!"

Er selbst machte kein Geheimnis aus seiner Erleichterung. Die Legende erzählt, wie er strahlte, als ihm seine Freunde entgegenströmten, ihn umringten und in sein Quartier begleiten wollten. Draußen auf der Straße warf er in ihrer Mitte immer wieder die Arme hoch und rief: „Ich bin hindurch!"

7. Kapitel

Auf der Wartburg

Martin Luther über sich selbst:
„Auf dem Weg nach Wittenberg besuchte ich Verwandte,
die mitten im Wald lebten. Als ich wieder von ihnen
aufbrach, bin ich, während wir in Richtung Walters-
hausen fuhren, ein Stück hinter dem Schloss Altenstein
gefangen genommen worden. Ich habe meine Kleider
ablegen und ein Reitergewand anziehen müssen. Später
habe ich mir Haare und Bart wachsen lassen.“

Am 26. April 1521 trat Martin Luther zusammen mit
den Freunden, die ihn auch auf dem Hinweg begleitet
hatten, in der Kutsche die Heimreise an. Der Kaiser
hielt sein Versprechen und stellte ihn unterwegs wieder
unter den Schutz des Reichsherolds. Ungefähr auf hal-
ber Strecke schickte Luther den Mann jedoch zurück
nach Worms. Er behauptete, nun kein Geleit mehr zu
brauchen. Den wahren Grund behielt er für sich.

Mitten im Wald stürmten der Kutsche plötzlich
fünf vermummte Reiter entgegen und hielten sie an.
Zwei von ihnen rissen die Tür auf, zerrten Luther
brüllend heraus und schleppten ihn davon. Seine
Freunde mussten hilflos zusehen, wie die Männer im
Dickicht mit ihm verschwanden.

Irgendwo zwischen den Bäumen wartete ein Pferd. Luther ließ sich bereitwillig in den Sattel helfen. Er wusste, dass seine Entführer in Wirklichkeit seine Retter waren. Friedrich der Weise, der Kurfürst von Sachsen, hatte sie geschickt, weil sie ihn an einen geheimen Ort bringen sollten. Er kannte die Pläne des Kaisers, den vom Papst Verurteilten so bald wie möglich auch in Deutschland für vogelfrei zu erklären. Luthers Rückkehr nach Wittenberg wäre unter diesen Umständen viel zu gefährlich gewesen.

Tatsächlich trat vier Tage nach seinem Verschwinden die Reichsacht in Kraft – ein kaiserliches Gesetz, das ihn genau wie die päpstliche Bannbulle an Leib und Leben bedrohte. Es hieß darin: „Wir gebieten allen, dass ihr Martin Luther nicht in euer Haus aufnehmt, ihm weder zu essen noch zu trinken gebt, ihn nicht versteckt, ihm nicht mit Worten oder Werken Hilfe oder Beistand gewährt. Wo ihr ihn aber ergreifen könnt, sollt ihr ihn gefangen nehmen und uns wohlverwahrt zusenden. Für ein so heiliges Werk werdet ihr angemessen belohnt werden."

Luther befand sich inzwischen in Sicherheit. Die fünf vermummten Reiter hatten ihn mitten in der Nacht auf abgelegenen Wegen in die kurfürstliche Wartburg gebracht, die zweihundert Meter über der Stadt Eisenach lag. Der Schlosshauptmann war ihm

auf der Zugbrücke entgegengekommen und hatte ihn dann über eine Leiter in die zwei kleinen Zimmer begleitet, in denen er für eine Weile zu Hause sein würde.

Die zehn Monate, die Luther auf der Wartburg verbrachte, waren für ihn keine glückliche Zeit. Es fiel ihm schwer, auf so engem Raum zu leben, mit niemandem wirklich reden zu können, das Haus nur in Begleitung eines bewaffneten Beschützers verlassen zu dürfen. Er sah zwar ein, was der Schlosshauptmann von ihm verlangte, befolgte es aber nur ungern. Um sein Äußeres zu verändern, musste er Ritterkleidung anziehen, sich einen Bart wachsen lassen und die Haare lang tragen. Niemand durfte ihn mit seinem richtigen Namen ansprechen. Alle nannten ihn Junker Jörg.

Das Essen, das ihm täglich von zwei Jungen gebracht wurde, war mehr als reichlich. Es bekam ihm aber nicht so gut wie die Klosterküche, an die er gewöhnt war. Halbe Spanferkel, ganze Hühner, Semmelklöße, dicke Kochwürste und mit Speck belegte Brote sorgten dafür, dass er von Tag zu Tag dicker wurde. Wenn er vor den Spiegel trat, erschrak er über sein Aussehen.

Er fühlte sich so allein und war so unzufrieden mit seinem einsamen Leben, dass ihn gelegentlich sogar die alte Angst vor dem Teufel wieder einholte.

Martin Luther über sich selbst:
„Ich sitze den ganzen Tag müßig und schwermütig und fülle mir den Leib. Der Teufel kommt oft, wirft mir vor, es sei großes Ärgernis und viel Böses aus meiner Lehre entstanden. Da setzt er mir wahrhaftig bisweilen hart zu, macht mir Angst und Bange. Und wenn ich dann antworte, es sei doch auch viel Gutes daraus entstanden, kann er es mir meisterlich verdrehen und bringt es mir oft so nahe, dass mir der Angstschweiß darüber ausbricht. Dieser schreckliche Geist der Trübsal geht mir jeden Augenblick auf dem Fuß nach."

Eine Legende behauptet, dass in Luthers unter dem Dach gelegener Wohnung auf der Wartburg tatsächlich immer wieder der leibhaftige Teufel auftauchte. Bald rumorte er in einem Sack voller Nüsse, bald polterte er auf der Treppe. Dann wieder summte er als dicke Fliege mit ausgefahrenem Stachel durchs Zimmer. Schließlich zeigte er sich sogar grinsend in seiner wahren Gestalt. Da griff Luther angeblich zornig nach seinem Tintenfass und warf es dem unerwünschten Besucher in seine scheußliche Fratze. Als Beweis galt jahrelang der große dunkle Fleck neben dem offenen Kamin.

Luther selbst hat diese Schauergeschichte nie bestätigt. Er schrieb nur einmal an einen Freund, er habe in seiner engen Kammer mit Tinte gegen den Teufel gekämpft. Man kann das durchaus als Hinweis darauf verstehen, dass er auf der Wartburg mit der Übersetzung der Bibel begann.

Es hatte ihm noch nie gefallen, dass das einfache Volk in Deutschland die Sprache der Heiligen Schrift nicht verstand und deshalb glauben musste, was die Priester auf Latein vortrugen. Jetzt hatte er reichlich Zeit, genauer darüber nachzudenken. Und je mehr er nachdachte, desto stärker wurde sein Wunsch, allen Menschen die Worte, die ihm selbst so viel bedeuteten, verständlich zu machen. „Die Mutter im Haus, der Mann auf dem Markt und die Kinder auf der Straße" sollten nach der Bibel greifen und mit Freude darin lesen.

Luther übersetzte zunächst das Neue Testament. Er übertrug es aus der lateinischen Sprache, zog aber nicht selten auch den griechischen und sogar den hebräischen Text zurate. Erst dann begann er zu schreiben. Es dauerte oft sehr lange, bis ihm ein Satz wirklich gefiel. Obendrein erfand er Wörter und bildhafte Ausdrücke. Wenn wir heute von einem „Schandfleck", einem „Lästermaul" oder einem „Lockvogel" reden, wenn wir behaupten, dass jemand

„Perlen vor die Säue wirft" oder „die Zähne zusammenbeißt", weiß kaum einer, dass diese Begriffe auf Martin Luther zurückgehen. Seine Bibelübersetzung zeigt ihn als wunderbaren Schreiber und großen Sprachkünstler, manchmal sogar als Dichter.

Der Schlosshauptmann, der ihm gelegentlich über die Schulter sah, staunte, wie viele Seiten er Tag für Tag bei aller Mühe und Sorgfalt schaffte. Nach elf Wochen schrieb er den letzten Satz. Für die Übersetzung des Alten Testaments, mit der er im nächsten Sommer begann, sollte er zwölf Jahre brauchen.

Am ersten Sonntag im März 1522 verließ Luther im Morgengrauen zu Pferd und in einfacher Kleidung die Wartburg. Er wollte nach Wittenberg in sein altes Leben zurück. Die Handschrift mit der Bibelübersetzung steckte in seiner Satteltasche.

Unterwegs machte er halt und schrieb seinem Kurfürsten einen Brief, in dem er sich für die erwiesene Fürsorge in den vergangenen Monaten bedankte. Luther betonte aber, er wolle in Zukunft ohne jeden weltlichen Schutz auskommen. Er war sicher, dass Gott ihn führen und bei allem, was er vorhatte, seine Hand über ihn halten würde.

In Wittenberg hatte sich während seiner Abwesenheit eine Menge verändert. Viele von denen, die mit dem Papst und dem römischen Hof nichts mehr zu tun haben wollten, zeigten das deutlich. Sie stürmten Kirchen und bedrohten Priester. Sie rissen Heiligenbilder von den Wänden, zerstörten Statuen und zertrampelten Reliquien. Es kam wiederholt zu Streitigkeiten, die nicht selten ein blutiges Ende nahmen.

Luther versuchte sofort, in der Stadt Frieden zu stiften. Er ermahnte die Angreifer, sich an das Gesetz zu halten. Er forderte die Gegner auf, sich die Hände zu reichen. Er nannte Gespräche sinnvoller und hilfreicher als jede Gewalt. Tatsächlich brachte er viele Menschen zum Nachdenken und Nachgeben. Schon im Mai schrieb er erleichtert an einen Freund: „Hier ist nun nichts mehr als lauter Liebe und Freundschaft."

Der Einfluss des Predigers und Professors war also immer noch groß. Seine Anhänger hatten ihn vermisst und sehnsüchtig auf ihn gewartet. Er selbst dankte Gott, dass die Zeit als Junker Jörg hinter ihm lag. Gleich nach seiner Rückkehr ließ er sich die Haare schneiden und den Bart abnehmen. Die Augustiner hatten ihn inzwischen aus ihrer Gemeinschaft ausgeschlossen. Trotzdem zog er wieder die Mönchskutte an. Bereits am nächsten Sonntag stieg er auf die Kanzel der Schlosskirche, las die heilige Messe und hielt eine Predigt. Vor der Kirche standen die Leute Schlange, um ihn zu hören.

An der Universität nahm er seine Vorlesungen wieder auf. Abends saß er nicht selten unter einfachem Volk bei einem Glas Wittenberger Bier. Die Späße über seine üppig gewordene Figur nahm er lachend hin. Er freute sich, wenn man ihn bat, eine Tischrede zu halten. Nach dem Essen griff er gern zur Laute oder stimmte ein Lied an. Wenn die Leute ihn nach dem Grund für seine gute Laune fragten, erklärte er in der für ihn typischen drastischen Sprache: „Aus einem unglücklichen Arsch kommt kein fröhlicher Furz."

Für seine Bibelübersetzung fand er sofort eine Druckerei. Am 21. September 1522 erschien das Neue Testament in deutscher Sprache. Die dreitausend Exemplare waren bereits nach acht Wochen verkauft und verteilten sich schnell in ganz Deutschland. Schon im Dezember ging eine neue Auflage in Druck. Luther hatte als Erster versucht, Worte zu finden, die für alle verständlich waren. Seine Sprache war der Beginn dessen, was wir heute Hochdeutsch nennen.

Luther war nach seiner Zeit auf der Wartburg in sein altes Leben zurückgekehrt und hatte zugleich mit einem neuen begonnen.

8. Kapitel

Der Bauernkrieg

Martin Luther über sich selbst:
„Ich, Martin Luther, habe im Aufruhr alle Bauern er-
schlagen. Denn ich habe sie totschlagen heißen. All ihr
Blut ist auf meinem Hals."

Nicht alles, was Martin Luther gesagt und getan hat, können wir heute verstehen oder gar richtig finden. Manches ist wohl nur aus seiner Zeit heraus zu erklären. Es gab durchaus dunkle Kapitel in seinem Leben. Eins davon ist zweifellos seine Haltung zum Bauernkrieg, der von 1524 bis 1526 in verschiedenen Teilen Deutschlands stattfand und viele Tausend Opfer forderte.

Zu Beginn des 16. Jahrhunderts machten die Bauern mehr als drei Viertel der Bevölkerung aus. Unter der Herrschaft der Fürsten führten sie ein elendes Leben. Sie wurden hemmungslos ausgebeutet, mussten hohe Abgaben leisten und hatten keinerlei Rechte. Viele waren die Leibeigenen ihrer Herren, wurden also wie Sklaven gehalten.

Die Bauernfamilien arbeiteten hart, wohnten in armseligen Hütten, trugen schlechte Kleidung und hatten selten ausreichend zu essen. Sie mussten nicht nur die Felder bestellen und die Ernte einbringen, sondern auch Holz hacken, Bauarbeiten erledigen und ihren Herren das Wild vor die Flinte treiben.

Die eigene Jagd und der Fischfang waren ihnen verboten. Wer im Wald einen Hasen schoss oder in irgendeinem Gewässer einen Karpfen angelte, konnte sogar mit dem Tod bestraft werden. Starb ein Bauer, so mussten die Hinterbliebenen ihrem Dienstherrn das feinste Gewand und das beste Stück Vieh des Toten überlassen.

Es war kein Wunder, dass in verschiedenen Gebieten Deutschlands Unruhen ausbrachen. Immer häufiger trafen sich Vertreter der Bauernschaft und berieten, wie sie die Bedingungen für ihre Arbeit verbessern könnten. Sie formulierten ihre Forderungen in zwölf Artikeln und wollten mit den Fürsten darüber verhandeln.

Die lehnten jedoch jede Zusammenkunft ab. In vielen Gegenden kam es zuerst zum Aufstand und dann zum bewaffneten Krieg. Die Bauern kämpften von Anfang an auf verlorenem Posten. Sie traten mit Schaufeln, Mistgabeln, Sensen und Dreschflegeln gegen die Schwerter und Gewehre der in Rüstungen steckenden Soldaten an und fielen diesen in Scharen zum Opfer. Die Wagenburgen, die sie zu ihrem Schutz aufgebaut hatten, hielten den Waffen ihrer Gegner nicht stand.

Luther trat anfangs für die Bauern ein. Er ermahnte die Fürsten, die Ausbeutung zu beenden und den
armen Familien ein besseres Leben zu ermöglichen.
Die Bauern fühlten sich ihm verbunden, weil er sich
gegen den Ablasshandel gestellt und das Neue Testament in eine ihnen verständliche Sprache übersetzt
hatte. Sie kannten seine Schrift „Von der Freiheit
eines Christenmenschen" und beriefen sich mit
Freude auf den darin enthaltenen Satz: „Ein Christ
ist ein freier Herr über alle Dinge und niemandem
untertan."

Genau dieser Satz aber war es, über den sie und
Luther in Streit gerieten. Er hatte darin nicht von
der irdischen, sondern von der himmlischen Freiheit
gesprochen. Dass die Bauern seine Worte benutzten,

um sich gegen die Macht ihrer weltlichen Herren zu erheben, gefiel ihm gar nicht. Er fühlte sich missverstanden. Im Grunde war er der Meinung, dass es durchaus übergeordnete Stände gab, denen sich die untergeordneten zu fügen hatten. Außerdem wollte er sich nicht gegen die Fürsten stellen, von denen viele beim Wormser Reichstag auf seiner Seite gewesen waren.

Die Wut der Bauern, die sich zu sogenannten Haufen zusammengeschlossen hatten, wuchs mit jeder Niederlage. Zwischen den Schlachten zogen sie plündernd, bisweilen auch mordend umher. Sie zerstörten nicht nur Häuser und Burgen des Adels, sondern auch Kirchen und Klöster, in deren Dienst sie standen. Ihre Begeisterung für Martin Luther verwandelte sich zunehmend in Hass. Seine Forderung, der Obrigkeit zu gehorchen, empörte sie. Und auf seine Ermahnung „Lieber Unrecht leiden als Unrecht tun!" wollten sie nicht hören.

Am 16. April, dem Ostersonntag des Jahres 1525, überfielen sechstausend Bauern die Stadt Weinsberg. Sie setzten die oberhalb gelegene Burg in Brand und nahmen den Grafen Ludwig von Helfenstein, der sie seit Langem schlecht behandelte und ihnen zutiefst verhasst war, mit zwölf anderen Adeligen fest. Nach einer kurzen Gerichtsverhandlung verurteilten sie den

Grafen mit seinen Leuten zum Tode und führten alle gefesselt in die Stadt. Auf beiden Seiten einer engen Gasse warteten Bauern mit ausgestreckten Spießen. Damit stachen sie die Gefangenen, die zwischen ihnen hindurchgetrieben wurden, erbarmungslos nieder.

Dieses Ereignis, das als „Weinsberger Bluttat" in die Geschichte einging, war der mörderische Höhepunkt des Bauernkriegs. Luther reagierte darauf mit Entsetzen und Zorn. Sein Verständnis für die Lage der Bauern nahm ein jähes Ende. Er sah sie nur noch als gewalttätige Angreifer. Mit allem, was er dachte und sagte, stand er nun auf der Seite der Fürsten. Anfang Mai schrieb er seinen Aufruf „Wider die räuberischen und mörderischen Rotten der Bauern". Darin steht der schreckliche Satz: „Wer da kann, soll sie zerschmeißen, würgen und stechen, heimlich und öffentlich, wie man einen tollen Hund erschlagen würde."

Bei seinen nächsten Auftritten in der Öffentlichkeit verteidigte er diese Aussage. Aber schon im Juni gestand er einem Freund in einem Brief, wie betroffen er war, dass „überall die armen Bauern erschlagen werden". Und Jahre später zeigte er sich bei einer ernsten Tischrede unsicher, ob das, was er in seinem Aufruf geschrieben hatte, nicht doch das Falsche gewesen war.

Im September 1526 war der Bauernkrieg nach mehreren großen Schlachten und vielen kleinen Gefechten endgültig vorbei. Er hatte mehr als siebzigtausend Bauern das Leben gekostet. Von Leuten, die Luther vertraut waren, weiß man, dass ihn die Erinnerung daran bis ans Ende seiner Tage nicht losließ.

9. Kapitel

Hochzeit mit Katharina von Bora

Martin Luther über sich selbst:
„Gott hat mich plötzlich, während ich ganz andere Gedanken hatte, in die Ehe geworfen. Jetzt wollte ich meine Käthe nicht um Frankreich und um Venedig dazu hergeben. Erstens darum, weil Gott sie mir geschenkt und mich ihr gegeben hat. Zweitens, weil ich oft erfahre, dass andere Frauen mehr Fehler haben als sie. Obwohl meine Käthe auch einige hat, stehen ihnen doch viele große Tugenden entgegen. Drittens, weil sie den Glauben an den Ehestand, also Treue und Ehre, bewahrt. Dass der Teufel meiner nicht habhaft werden konnte, habe ich wohl allein ihr zu verdanken."

Am 13. Juni 1525 heiratete der ehemalige Mönch Martin Luther die aus dem Kloster entflohene Nonne Katharina von Bora. Dieser überraschenden Hochzeit ging eine ganz und gar ungewöhnliche Liebesgeschichte voraus.

Die Zeit, in der Luther mit Leib und Seele dem Augustinerorden angehört hatte, war lange vorbei. Inzwischen stand er auf der Seite der Männer und Frauen, die sich hinter Klostermauern wie eingesperrt fühlten und alles daransetzten, ihrem Gefängnis zu entkommen. Obwohl ihm dafür die Todesstrafe drohte, half er nicht wenigen bei der Flucht. Anschließend tat er sein Möglichstes, um eine Unterkunft und einen Arbeitsplatz für sie zu finden. Manchmal betätigte er sich auch als eine Art Heiratsvermittler.

In der Osternacht des Jahres 1523 verließen zwölf Nonnen, die ihn um Hilfe gebeten hatten, heimlich das Kloster der Zisterzienserinnen in Nimbschen bei Grimma. Ein von Luther bezahlter Fuhrunternehmer, der den Orden regelmäßig mit Lebensmitteln belieferte, ließ sie in leere Heringsfässer klettern und brachte sie dann in einem Planwagen nach Wittenberg.

Eine dieser Nonnen war die 1499 geborene Katharina von Bora. Ihr Vater, ein verarmter Adeliger, hatte sie schon im Alter von elf Jahren ins Kloster gesteckt, weil er nicht wusste, wie er für sie eines Tages die bei der Heirat fällige Mitgift aufbringen sollte.

Katharina hatte sich trotz der strengen Ordensregeln zu einer sehr selbstbewussten jungen Frau entwickelt, die nie etwas tat, das sie nicht wollte. Nach ihrer Ankunft in Wittenberg verschaffte ihr Luther einen Platz in der Familie des Malers Lucas Cranach, die er gut kannte und bei der er häufig zu Gast war. Katharina half der Hausfrau bei allen täglich anfallenden Arbeiten. Wenn sie damit fertig war, saß sie dem Hausherrn Modell für seine Bilder.

Drei der entflohenen Klosterschwestern konnten zu ihren eigenen Familien zurückkehren. Acht fanden bald einen Ehemann. Der übrig gebliebenen neunten stellte Luther einen seiner Kollegen als möglichen Bräutigam vor. Das adelige Fräulein erklärte jedoch kurz und bündig, zu dem habe sie „weder Lust noch Liebe".

Diese Antwort gefiel Martin Luther gar nicht. Er hielt Katharina für „stolz und hochmütig" und knurrte: „Welcher Teufel will sie denn haben? Mag sie den nicht, so soll sie noch eine Weile auf einen anderen warten!"

Warten mochte Katharina aber auch nicht. Sie ließ Luther in aller Deutlichkeit wissen, sie würde, „wenn es geschehen könnte und Gottes Wille wäre, durchaus den Doktor Martinus zum Mann nehmen". Mit diesem unverblümten Heiratsantrag hatte der einundvierzigjährige Luther nicht gerechnet. Immerhin lehnte er ihn nicht sofort ab. Zuerst besprach er sich mit einem Freund, dann dachte er eine Weile still für sich darüber nach. Am Ende nahm er ihn an.

In Wittenberg entstand große Aufregung über den Entschluss des stadtbekannten Professors. Viele Leute waren empört. Einige schüttelten verständnislos den Kopf. Andere tuschelten hinter vorgehaltener Hand über die möglichen Gründe. Aber alle rechneten mit einer großen, glanzvollen Hochzeit.

Davon hielten Braut und Bräutigam jedoch gar nichts. Sie wollten nur ein kleines Fest mit den nächsten Verwandten und ein paar engen Freunden feiern. Als eine Art Ehrengast luden sie den Fuhrunternehmer ein, der Katharina und die anderen Nonnen in die Stadt geschmuggelt hatte.

Gefeiert wurde im Schwarzen Kloster, das der Kurfürst Luther geschenkt hatte, weil es seit Langem leer stand. Um eine Wohnung musste sich das Brautpaar also keine Sorgen machen. Dass sich das Gemäuer in ziemlich heruntergekommenem Zustand befand, schreckte sie beide nicht. Luther sah großzügig über die Mängel hinweg, seine junge Frau nahm sich vor, diese bald zu beseitigen.

Ein echtes Liebespaar waren die zwei bei ihrer Hochzeit sicherlich nicht. Die Braut bewunderte an ihrem Bräutigam wohl in erster Linie den Reformator, dessen Schriften sie im Kloster heimlich gelesen

hatte. Der Bräutigam sah in seiner Braut an diesem Tag vor allem die Frau, die Gott ihm in der düsteren Zeit des Bauernkriegs an die Seite gestellt hatte.

Beide achteten und schätzten sich gegenseitig von Anfang an. Dass sie auch ineinander verliebt waren, merkten sie anscheinend erst später. Besonders Martin Luther fand für die Gefühle, die ihn selbst überraschten, immer wieder neue Worte. Er nannte seine Frau „mein Morgenstern zu Wittenberg", „meine Gebieterin" und im Scherz sogar „mein gnädiger Herr Käthe". In den vierzehn Tagen nach der Hochzeit, die er als die „Küssewochen" bezeichnete, stieg der sonst von seiner Arbeit besessene Professor nur selten hinauf in sein Turmzimmer. Er verbrachte sie zum Staunen seiner Freunde und Kollegen lieber mit seiner Frau, hielt sie an der Hand oder im Arm und freute sich auf die gemeinsame Zukunft.

Die „Lutherin", wie Katharina von Bora jetzt überall hieß, teilte seine Freude. Und sie steckte schon voller Pläne. Sobald ihr Mann wieder am Schreibtisch saß, begann sie, einen nach dem anderen in die Tat umzusetzen. Sie machte aus dem baufälligen, verschmutzten, in enge Zellen aufgeteilten Schwarzen Kloster nicht nur Schritt für Schritt ein gemütliches Wohnhaus, sondern auch ein freundliches Studentenwohnheim und eine kostenlose Unterkunft für Waisenkinder, Kranke, Vertriebene und Flüchtlinge.

Katharina von Bora, verheiratete Luther, war sicherlich eine der ungewöhnlichsten Frauen ihrer Zeit. Auch heute kann man über ihre vielen Begabungen und den Fleiß, mit dem sie diese einsetzte, nur staunen. Tag für Tag führte sie umsichtig den immer größer werdenden Haushalt. Gleichzeitig verwandelte sie das tote Kloster mithilfe der richtigen Handwerker in ein Haus voller Leben. Aus dem früheren Friedhof machte sie einen riesigen Garten, in dem Obst und Gemüse wuchsen. Sie züchtete Kühe, Schweine und Ziegen. Sie hielt Hühner, Enten und Gänse. Sie ließ einen Fischteich anlegen, einen Bienenstock bauen und betrieb im Keller eine kleine Bierbrauerei. Als Geschenk für ihren Mann kaufte sie einen Hund, der Luthers besonderer Freund wurde und auf den Namen „Tölpel" hörte.

Obwohl Katharina während ihrer mehr als zehnjährigen Klosterzeit völlig zurückgezogen gelebt hatte, fühlte sie sich nun im Kreis vieler Menschen durchaus wohl. Für die zahlreichen Freunde und Kollegen ihres Mannes, die oft zu Besuch kamen, ließ sie sich leckere Speisen einfallen. Sie saß mit ihnen am Tisch, führte lebhafte Gespräche und unterhielt sich sogar auf Latein.

In acht Jahren brachte sie sechs Kinder zur Welt und nahm wie selbstverständlich auch noch Neffen und Nichten, deren Eltern gestorben waren, bei sich auf. Es gab eine Zeit, in der vierzehn Kinder im Haus wohnten und liebevoll von ihr versorgt wurden.

Ganz anders als ihr Mann konnte Katharina sehr gut mit Geld umgehen. Luther, der ein recht schmales Gehalt bezog und nicht nur auf die Honorare für seine Bücher, sondern auch auf das „Hörergeld" von seinen Studenten verzichtete, zeigte sich trotzdem außerordentlich freigebig. Er spendierte seinen Freunden oft eine üppige Mahlzeit und beschenkte großzügig alle Bettler. Seine Frau dagegen war sparsam und nutzte jede Gelegenheit, ihr knappes Haushaltsgeld aufzubessern. Sie verkaufte Obst, Gemüse und von ihr gezüchtete Tiere. Sie kassierte die Miete für die Studentenwohnungen und erwarb manchmal zu günstigem Preis ein vielversprechendes Stück Land. Luther erkannte bald, wie tüchtig sie war, und mischte sich nie ein in das, was sie tat.

Für ihn und Katharina hatte mit dem Tag ihrer Hochzeit ein vollkommen neues Leben begonnen. Keiner von beiden trauerte dem alten auch nur einen Augenblick nach.

10. Kapitel

Familienleben

Martin Luther über sich selbst:
„Mir wurde eben verkündet, dass mir von meiner Käthe
ein Töchterchen geboren worden ist. Ehre und Lob sei
dem Vater im Himmel. Amen. Die Mutter ist noch
matt, aber gesund. Mein Söhnchen Johannes ist wohl-
auf und fröhlich. Ich bin sicher: Kinder sind das lieb-
lichste Pfand einer Ehe. Sie knüpfen und erhalten das
Band der Liebe. Man kann nicht genug davon haben."

Martin Luther genoss es, mit einer Frau verheiratet
zu sein, die ihn genauso liebte wie er sie. Die drei
Mädchen und die drei Jungen, die sie zur Welt brachte, machten ihn glücklich. Es störte ihn nicht, dass es
im Haus manchmal recht laut zuging. Er fand den
Lärm, der beim Spielen und Streiten entstand, völlig
normal. Wollten die Kinder ihn sehen, freute er
sich. Sie konnten ihn jederzeit oben in seinem Turmzimmer besuchen. Wenn er schrieb, ermahnte er sie
allenfalls, ein wenig leiser zu sein.

Abends stieg er in bester Laune die Treppe hinun-
ter. Er nahm dann oft seine Laute und versammelte
die Familienmitglieder in der Wohnstube oder im
Garten. Dort stimmte er die alten Lieder an, die er

selbst als kleiner Junge und als Chorknabe gesungen hatte, oder die neuen, die er inzwischen für seine Kinder schrieb. Manchmal war nur der Text von ihm, oft auch die Melodie.

Sein Leben lang hielt Luther die Musik für die schönste aller Künste. Er nannte sie „eine Gabe des Himmels" und „ein herrliches, göttliches Geschenk". In einem seiner bekanntesten Lieder, das seine Kinder besonders gern mochten und das bald auch in allen Gesangbüchern stand, hat er es so ausgedrückt:

Wer sich die Musik erkiest,
hat ein himmlisch Gut gewonnen.
Denn ihr erster Ursprung ist
von dem Himmel selbst genommen,
weil die lieben Engelein
selber Musikanten sein.

Natürlich saß die Familie Luther keineswegs ständig zu Hause. Eltern und Kinder liebten lange Wanderungen durch den Wald, die immer mit einem Picknick verbunden waren. Katharina sorgte jedes Mal für einen großen Korb voller Getränke und kalter Speisen, auf die sich schon unterwegs alle freuten.

Von seinen Dienstreisen brachte Luther den Kindern stets etwas mit, auch wenn es nur ein Zweig voller Kirschen war, die anders schmeckten als die aus dem eigenen Garten. Das, was er ihnen schrieb, zeigt ihn als besonnenen Erzieher und zärtlichen Vater mit großem Verständnis für die, die sich den Brief noch vorlesen lassen mussten.

Martin Luther an seinen vierjährigen Sohn Johannes:
„Mein herzliebes Hänschen! Ich weiß hier einen hübschen, lustigen Garten, in dem viele Kinder sind. Sie haben goldene Röcklein an und sammeln unter den Bäumen schöne Äpfel, Birnen, Kirschen und Pflaumen.

Sie singen, springen und sind fröhlich. Sie haben auch schöne kleine Pferdlein mit goldenem Zaumzeug und silbernen Sätteln. Einmal fragte ich den Mann, dem der Garten gehört, was das für Kinder wären. Er sprach: ‚Es sind lauter Kinder, die gern beten, lernen und fromm sind.‘ Da sagte ich: ‚Ich habe einen kleinen Sohn, der heißt Hänschen Luther. Darf er nicht auch in den Garten kommen, das gute Obst essen, die feinen Pferdlein reiten und mit den Kindern spielen?‘ Der Mann antwortete: ‚Wenn er gern betet, lernt und fromm ist, dann soll er kommen.‘ Darauf zeigte er mir eine Wiese mitten im Garten, die war zum Tanzen gerichtet. Es hingen dort lauter goldene und silberne Flöten, Pauken, Lauten und allerlei anderes Saitenspiel. Zu ihrer Musik konnte man tanzen. Ich sagte: ‚Ach, lieber Herr, ich will gleich hingehen und das alles meinem lieben Sohn Hänschen schreiben.‘ Da nickte der Mann und sagte: ‚Gehe schnell hin und schreibe es ihm!‘“

Bei aller Liebe zu seinen Kindern konnte Luther mit ihnen aber hin und wieder auch recht streng sein. Früher hatten seine Eltern von ihm unbedingten Gehorsam verlangt und ihn für jede Ungezogenheit hart bestraft. Jetzt machte er es bei seinen Töchtern und besonders bei seinen Söhnen nicht anders. Wenn er in Zorn geriet, griff er zur Rute oder zum Stock, die er selbst so gehasst und gefürchtet hatte, als er noch klein war. Meist schaltete sich dann Katharina ein und ermahnte ihn, mehr Geduld mit den Kindern zu haben.

Vor allem die Ausbildung und die Berufspläne seines Ältesten waren Luther sehr wichtig. Auch darin glich er seinem Vater, der aus ihm einen gut verdienenden Rechtsanwalt hatte machen wollen und sehr ärgerlich gewesen war, als er das Jurastudium an den Nagel gehängt hatte. Sobald aus dem „herzlieben Hänschen" ein selbstbewusster Hans geworden war, sollte er auf Wunsch seines Vaters Theologie studieren. Hans entschied sich jedoch für Jura, was dem Vater missfiel und den Großvater sicherlich gefreut hätte.

Die Kinder besuchten keine öffentliche Schule, sondern hatten Hauslehrer, die ihnen Faulheit und Fehler nicht durchgehen ließen. Der Vater überwachte den Unterricht, vor allem in Deutsch und Latein.

Nur in Mathematik hielt er sich zurück, weil ihm das Fach nicht lag. Er gab offen zu, dass er mit Worten besser umgehen konnte als mit Rechenaufgaben.

Luthers Liebling war seine Tochter Magdalena, die im Mai 1529 ein halbes Jahr nach dem Tod ihrer bereits mit neun Monaten verstorbenen Schwester Elisabeth geboren wurde. In den tiefen Schmerz über den Verlust der ersten Tochter mischte sich die dankbare Freude über die Geburt der zweiten. Vermutlich schloss der Vater sein „Lenchen" deswegen von Anfang an so besonders innig ins Herz. Das Bild, das sein Freund Lucas Cranach von der etwa Zwölfjährigen gemalt hatte, nahm er mit auf seine nächste Dienstreise. In der Herberge, wo er schlief, befestigte er es an der Wand.

Doch auch Magdalena sollte nicht lange leben. Sie litt an einer tödlichen Krankheit, über die nichts bekannt ist. Die Eltern wussten, dass sie nicht mehr gesund werden würde. Sie selbst wusste es auch. Hans, der inzwischen in Torgau studierte, kam nach Hause, als das Ende sich abzeichnete. Der Vater hatte ihm mitgeteilt, dass die vier Jahre jüngere Schwester sich danach sehnte, ihren ältesten Bruder noch einmal zu sehen.

Magdalena starb im September 1542 mit dreizehn Jahren im Kreis der ganzen Familie. Luther hielt sie bis zuletzt in seinen Armen und versuchte, ihr den Trost zu geben, den er selbst dringend brauchte. Der irdische Vater gab sein Kind tief betrübt, aber im Vertrauen auf ein „schöneres Leben", an den himmlischen Vater zurück.

„Wie Gott will!", sollen Magdalenas letzte Worte gewesen sein. „Du liebes Töchterlein", soll Martin Luther geantwortet haben. Dann fügte auch er sich dem Willen Gottes. Aber noch drei Jahre später sprach er mit einem Freund über die Qual dieses Abschieds. Bis an sein eigenes Ende konnte er Leben und Sterben seiner Lieblingstochter nicht vergessen.

11. Kapitel
Letzte Jahre und Tod

Martin Luther über sich selbst:
„Hätte ich, als ich anfing zu schreiben, gewusst, was ich jetzt erfahren und gesehen habe, so hätte ich wahrhaftig stille geschwiegen. Ich wäre nimmermehr so kühn gewesen, den Papst und alle Menschen anzugreifen und zu erzürnen. Aber Gott hat mich dahin geführt wie einen Gaul, dem die Augen geblendet sind, damit er die nicht sehen sollte, die auf ihn losrannten. Wenn man den Glauben annimmt, so ahnt man nicht, dass er ein schweres Ding ist. Am Anfang kommt er einem vor wie ein kleines Kindlein, das hübsch und leicht zu tragen ist, wie es auch dem Christoffel geschah. Aber wie ging es dem? Er erfuhr erst, wie schwer das Kindlein auf seinem Rücken war, als er mit ihm in das Wasser kam, wo es am tiefsten war.“

Mit zunehmendem Alter ging eine deutliche Veränderung mit Martin Luther vor. Er sagte und tat Dinge, die im Widerspruch standen zu dem, was er früher gesagt und getan hatte. Einige sind kaum zu erklären, einige beim besten Willen nicht zu entschuldigen. Bis zum heutigen Tag suchen Historiker und andere Wissenschaftler nach Gründen für die überraschende, in mancher Hinsicht erschreckende Entwicklung des Mannes, der in der Kirche und im Verhalten der Menschen eine so gewaltige Bewegung in Gang gesetzt hat.

Ganz sicher waren Luthers letzte Jahre nicht glücklich. Reichsacht und Kirchenbann, die Kaiser und Papst über ihn verhängt hatten, waren noch wirksam. Während seine Freunde, Kollegen und Studenten durch Europa reisten, musste er in Sachsen bleiben, weil er dort unter dem besonderen Schutz des Kurfürsten stand.

Nach wie vor hielt er an der Universität seine Vorlesungen und predigte regelmäßig in der Schlosskirche. Aber inzwischen fühlte er sich in der Stadt nicht mehr wohl. Am liebsten hätte er sich mit seiner Frau und den Kindern, die noch bei ihm lebten, aufs Land zurückgezogen. Nur ein paar enge Freunde und der Kurfürst persönlich konnten ihn zum Bleiben bewegen.

Luther hatte den Menschen die Bibel nahegebracht und der katholischen Religion eine neue, evangelische gegenübergestellt – eine Religion ohne Papst, Heilige, Klöster, Beichtstuhl, Rosenkranz und lateinische Messe. Er war über die Grenzen Europas hinaus bekannt und berühmt. Dennoch kam es in seinen letzten Jahren häufiger vor, dass er keinen Sinn mehr sah in dem, was er getan und erreicht hatte.

Der Teufel, den er schon als Kind so gefürchtet hatte, schien ihm in solchen Augenblicken höhnisch grinsend gegenüberzusitzen.

Zum Erstaunen seiner Anhänger bezweifelte Luther manchmal, dass das Ergebnis seiner jahrelangen leidenschaftlichen Arbeit überhaupt von Dauer sein würde. „Wenn ich wollte, könnte ich Wittenberg in drei Wochen wieder katholisch machen", behauptete er bitter. Seine Vorlesungen an der Universität beendete er manchmal mit den Worten: „Ich bin alt, ich bin müde, ich kann nicht mehr."

Aussprüche, in denen seine düstere Stimmung deutlich wurde, wechselten ab mit plötzlichen Wutausbrüchen, die selbst seine Freunde erschreckten. Hatte er sich schon in seiner Kindheit und Jugend manchmal sehr jähzornig gezeigt, so verlor er in den letzten Jahren immer öfter die Kontrolle über das, was er sagte. Er ließ sich zu Sätzen hinreißen, die er früher nicht einmal gedacht, geschweige denn ausgesprochen oder gar aufgeschrieben hätte.

Das schrecklichste Beispiel dafür ist seine Haltung gegenüber den Juden, die im Mittelalter in vielen Ländern Europas verfolgt und verleumdet wurden. Zu Beginn der Reformationsjahre hatte er in ihnen noch „Menschen vom Geblüt Christi" gesehen und sie gegen Anfeindungen in Schutz genommen. Er hatte sie „Blutsfreunde, Vettern und Brüder unseres Herrn" genannt und alle Christen ermahnt, sie „freundlich anzunehmen".

Dabei hatte er wohl stets gehofft, die Juden zu seiner Religion zu bekehren. Sie sollten Jesus von Nazareth als ihren Messias anerkennen und gute Christen werden. Als er merkte, dass das nicht geschah, schlug sein Entgegenkommen zunächst in Ablehnung und dann in blanken Hass um. Aus seinen Schutzschriften wurden Hetzschriften. Sie unterstellten den Juden die Vergiftung von Brunnen, die Schändung von Sakramenten, den Diebstahl und die Misshandlung von Kindern.

In seiner Schrift „Von den Juden und ihren Lügen" erteilte er den Fürsten 1543 sieben „Ratschläge", wie sie mit den „Dieben und Räubern" umgehen sollten. Er legte ihnen nahe,
– die Synagogen und Schulen der Juden zu zerstören,
– ihre Häuser abzureißen oder zu verbrennen,
– ihren Rabbinern den Gottesdienst zu untersagen,
– ihnen ihre Gebetbücher wegzunehmen,
– ihren Händlern die Benutzung der Straßen zu verbieten,
– ihnen Geld und wertvolle Gegenstände zu nehmen,
– sie zu körperlich anstrengenden Arbeiten zu zwingen.

Heute fragen wir uns, wie es zu diesen ungeheuerlichen Behauptungen und Forderungen Martin Luthers kommen konnte. Wir finden darauf keine eindeutige Antwort. Es fällt uns schwer zu glauben, dass er selbst den gefährlichen Unterschied zwischen seinen ersten und seinen letzten Schriften nicht bemerkte. Vielleicht wollte er ihn einfach nicht wahrhaben. Vielleicht hat er den Gedanken daran mit Gewalt verdrängt. Vielleicht wusste er tief in seinem Inneren, dass er gegenüber den Juden eine große Schuld auf sich geladen hatte. Es erscheint durchaus möglich, dass er auch deshalb am Ende seines Lebens so verbittert und unglücklich war.

Sicher ist, dass er zunehmend von langwierigen Krankheiten geplagt wurde, die die Ärzte nicht heilen konnten. Im Grunde war er nach seiner Zeit im Kloster nie mehr ganz gesund gewesen. Er litt unter Schmerzen im Bauch und in der Brust, Atemnot und Schwächezuständen. Sein Kopf tat ihm manchmal so weh, als „reite ihm der Teufel durchs Hirn". Auf einem Auge war er fast blind.

Katharina machte sich große Sorgen um ihren Ehemann. Er selbst blickte dem Tod gelassen, hin und wieder sogar mit einer gewissen Sehnsucht entgegen.

Martin Luther über sich selbst:
„Mein Kopf ist wie ein Messer, dem die Schneide ganz und gar abgewetzt ist. Es schneidet nicht mehr. Ich hoffe und es kommt mir so vor, als sei mein letztes Stündlein nicht mehr weit. Meine Arbeit ist nun getan. Bald ist alles vorbei und mit mir verloren. Ich habe zu Ende gepredigt, wie ein Huhn seine letzten Eier gelegt hat. Selbst wenn mir Gott ein Paradies anböte, damit ich noch vierzig Jahre in diesem Leben bliebe, so wollte ich es nicht."

Ende Januar 1546 machte sich Luther auf den Weg in seine Geburtsstadt Eisleben. Die Mansfelder Grafenfamilie, deren Schloss ganz in der Nähe lag, hatte ihn gebeten, ihr bei der Überwindung von Erbstreitigkeiten mit theologischem Rat zur Seite zu stehen.

Zwei Pferde zogen den ärmlichen Planwagen, in dem Luther mit seinen drei Söhnen und zwei Freunden tagelang unterwegs war. Alle hatten sich frierend in dicke Decken gehüllt. Es herrschte bitterkaltes Winterwetter. Das Überqueren der Saale gelang erst nach mehreren Versuchen, weil der Fluss nicht nur Hochwasser hatte, sondern außerdem große Eisschollen vor sich hertrieb.

Luther hatte die Fahrt schon in geschwächtem Zustand angetreten und sich unterwegs auch noch eine Erkältung geholt. Er war am Rande seiner Kräfte, als er in Eisleben ankam. Trotzdem freute er sich, die Heimat wiederzusehen. Diese Freude zeigte er bei jeder Begegnung und in jedem Gespräch. Zum Erstaunen seiner Begleiter lebte er noch einmal auf.

Zwar musste er tagsüber oft eine Ruhepause einlegen, erschien aber abends in guter Laune bei Tisch, hielt wie früher eine unterhaltsame Rede, war zum Scherzen aufgelegt und zeigte Appetit auf die Leckerbissen, mit denen der Graf die Küche großzügig versorgte.

An den Mansfelder Verhandlungen nahm er Tag für Tag teil. Außerdem predigte er in der Stadtkirche von Eisleben. In der vierten Predigt, die seine letzte sein sollte, forderte er die Gemeinde auf, „sich an Christi Wort und an Christus selbst zu halten". Eine plötzliche Erschöpfung zwang ihn jedoch zum Abbrechen. „Ich bin zu schwach", erklärte er. „Wir wollen es hierbei belassen."

In den nächsten zwei Tagen konnte er die Wohnung, die ihm der Stadtschreiber für seinen Aufenthalt zur Verfügung gestellt hatte, nicht mehr verlassen. Er litt immer stärker unter Brustschmerzen und Atemnot, ertrug aber beides, ohne zu klagen. Wenn er sich besser fühlte, zeigte er sich heiter und nahm an den Mahlzeiten teil.

Am Abend des 17. Februar verschlechterte sich sein Zustand. Er sprach leise und schleppend und verlor mehrmals das Bewusstsein. Sein Ende zeichnete sich unübersehbar ab. Auch die beiden vom Stadtschreiber herbeigerufenen Ärzte konnten nichts mehr für ihn tun. Alle, die ihm nahestanden und ihn durch die letzten Tage in Eisleben begleitet hatten, waren um sein Bett versammelt und blieben bis zu seinem letzten Atemzug bei ihm.

In den frühen Morgenstunden des 18. Februar 1546 starb Martin Luther friedlich im Schlaf. Auf seinem Schreibtisch fand man einen Zettel mit Gedanken, die er am Tag vorher, wahrscheinlich für sich selbst, notiert hatte. Die letzten Worte lauteten: „Wir sind Bettler, das ist wahr."

Die Nachricht von Luthers Tod verbreitete sich schnell. Sie löste zunächst in der Grafschaft Mansfeld, dann in Sachsen und schließlich überall in Deutschland starke Betroffenheit aus. Die Zahl der Trauernden war weit größer als die Zahl derjenigen, die dem Toten erleichterte oder auch gehässige Worte hinterherschickten.

Der Graf von Mansfeld hätte den berühmten Mann gern in seinem Gebiet beerdigen lassen. Aber der Kurfürst ordnete ein Begräbnis in Wittenberg an. Fünfundvierzig Reiter begleiteten Luthers Sarg auf dem Weg dorthin. Hunderte von Menschen standen am Straßenrand. In den Dörfern und Städten, durch die sich der Zug bewegte, läuteten die Glocken.

Am 22. Februar 1546 wurde Martin Luther unter der Kanzel der Wittenberger Schlosskirche, auf der er so oft gepredigt hatte, in sein Grab gelegt. An Gottesdienst und Trauerfeier nahmen ungefähr tausend

Personen teil. Der Stadtpfarrer Johannes Bugenhagen und der Theologieprofessor Philipp Melanchthon, beide eng mit dem Toten befreundet, hielten die Gedächtnisreden.

Vor der Kirche, auf dem Marktplatz und in vielen Straßen der Stadt standen dicht gedrängt Scharen von Menschen, die die Reden nicht hören und die

Grablegung nicht sehen konnten. Sie wollten trotzdem Abschied nehmen von dem großen Reformator, dessen Stimme nun für immer verstummt war, dessen Worte aber in der Kirche und in der Welt so viel bewegt und verändert hatten.

Worterklärungen

Ahnherr   erster Vorfahre

Anfechtung   Versuchung

Barett   flache Kopfbedeckung

Beichtvater   Geistlicher, bei dem jemand regelmäßig beichtet

Berghauer   Bergarbeiter, der Bodenschätze und Gestein abträgt

Degen   Stichwaffe mit schmaler, gerader und spitzer Klinge

drastisch   sehr direkt

erkiest   auserwählt

Fegefeuer   nach katholischer Vorstellung der Ort, an dem die Seele eines Verstorbenen gereinigt wird, bevor er in den Himmel kommt

(freies) Geleit	Begleitung, um jemanden zu schützen
General-beichte	Beichte über das ganze Leben, die man vor wichtigen persönlichen Entscheidungen ablegt
Gnade	Bereitschaft Gottes, Sünden zu vergeben
Griffel	Stift zum Beschreiben von Wachstafeln
Harz	deutsches Mittelgebirge
Historiker	Wissenschaftler, die sich mit der Geschichte befassen
irdisch	weltlich, zur Erde gehörend
Jähzorn	Neigung zu Wutausbrüchen
Junker	junger Edelmann
Kanzel	erhöhter Bereich in der Kirche, von dem aus gepredigt wird

Kardinäle	in der katholischen Kirche wichtigste Männer nach dem Papst
Ketzer	jemand, der die Kirchenlehre anzweifelt
Kluft	Spalt
Kutte	von Mönchen getragenes, langes Gewand
Laute	gitarrenähnliches Zupfinstrument
Legende	Geschichte, die eine wichtige Person und ihr Leben überhöht darstellt, aber oft einen wahren Kern hat
Majestät	hier: Wertschätzung
Mark	Gebiet an der Grenze eines Reiches
Märtyrer	Menschen, die für ihre Überzeugungen (hier: den christlichen Glauben) eintreten und dabei sogar den Tod in Kauf nehmen

Mitgift	Besitz, den eine Frau von den Eltern bekommt und mit in die Ehe bringt
Orden	Klostergemeinschaft
Pforte	Tür, Eingang
Planwagen	Wagen mit einer Plane über der Ladefläche
Pluderhose	weit geschnittene Hose mit einem Bund an den Knien oder Fesseln
Prior	Vorsteher eines Mönchsklosters
Rabbiner	jüdische Gelehrte
Regent	Herrscher über ein Reich oder Land
Reichsherold	kaiserlicher Bote, der unter besonderem Schutz stand
Reliquien	Überreste (z. B. Asche oder Kleider) eines Heiligen, die verehrt werden
roden	fällen

Rotten	abwertende Bezeichnung für größere, ungeordnete Gruppen von Menschen
Rute	dünner Zweig bzw. Bündel aus Zweigen zum Schlagen
Sakramente	religiöse Rituale (z. B. Taufe, Beichte, Ehe), die als sichtbare Zeichen und Handlungen die unsichtbare Wirklichkeit Gottes erfahrbar machen sollen
Seelsorger	jemand, der von der Kirche beauftragt wird, in wichtigen Lebensfragen zu beraten
Stände	soziale Gruppen der damaligen Gesellschaft, deren Zusammenhalt auf Gemeinsamkeiten wie Herkunft oder Besitz beruhte
Stibitzen	Stehlen
Synagoge	Gebäude, in dem die jüdische Gemeinde sich trifft oder gemeinsam betet

Theologen	Wissenschaftler, die sich mit der Religion befassen
Thesen	Behauptungen, die den Anstoß zu einer Diskussion geben sollen
umsichtig	sorgfältig
unbarmherzig	ohne Mitgefühl
Vettern	Cousins
Wagenburgen	Anordnungen von Wagen in einem Kreis oder Viereck, um sich gegen angreifende Feinde zu schützen
Wams	ärmellose Jacke
wider	gegen
Zisterzienserinnen	Nonnen, die dem 1098 in Frankreich gegründeten Zisterzienserorden angehören und ein Leben des Gebets, der Lesung und der Arbeit führen